AU GÉNÉRAL SAUSSIER

Hommage respectueux.

Paris, 31 décembre 1889.

LE GÉNÉRAL FAIDHERBE

GOUVERNEUR DU SÉNÉGAL ET DE SES DÉPENDANCES

DE **1854** A **1861** ET DE **1863** A **1865**

COMMANDANT DE L'**ARMÉE DU NORD** EN 1870-1871

GRAND CHANCELIER DE L'ORDRE NATIONAL

DE LA

LÉGION D'HONNEUR

DE **1879** A **1889**

NOTICE *de la Société Languedocienne de Géographie de Montpellier*

I.

Le général Faidherbe, «Héros de la défense Nationale, appartient à la France et à l'Histoire [1]». Mais si les titres de l'érudit sont moins connus, imitant l'Institut de France, qui les a rappelés pour rendre à sa mémoire l'hommage complet qui lui était dû, notre Société Languedocienne de Géographie a voulu aussi

[1] Discours de M. Barbier de Meynard, président de l'Académie des Inscriptions et Belles-Lettres, prononcé à l'Institut de France, le 1er octobre 1889.

consacrer quelques pages de son Bulletin à mettre en lumière les services rendus à la Science géographique par le plus illustre de ses membres correspondants.

Louis-Léon-César FAIDHERBE est né à Lille le 3 juin 1818.

Son père, engagé volontaire, fut blessé à Baisieux en 1794. D'une famille de commerçants, il épousa la fille d'un receveur des contributions et se voua à l'industrie. Il mourut prématurément, laissant dans une situation peu fortunée sa veuve avec six enfants [1].

Notre héros était le plus jeune, mais le plus intelligent.

En 1838, il entrait à l'École Polytechnique.

En 1840, il en sortait sous-lieutenant-élève du génie.

En 1842, il quittait l'École d'Application de l'artillerie et du génie de Metz, prenant à son compte toutes les dettes de sa famille, avec sa solde pour toute ressource.

En 1844, ses chefs le détournèrent du projet qu'il avait conçu de quitter le service pour aller tenter fortune en Californie. Après un an de séjour à Arras comme lieutenant au 1er régiment du génie, il obtint son envoi en Algérie dans une compagnie du 2e régiment, avec laquelle il fit l'expédition du Dahra sous les ordres du général Bourjolly. Après un court séjour à Belfort et à Lille comme capitaine, il fut envoyé à la Guadeloupe, sur sa demande (1848), avec une solde plus forte.

Le capitaine Faidherbe vota pour les candidats des noirs : Schœlcher et Perrinon, abolitionnistes.

En 1850, il fut employé à la construction du fort Joséphine ; puis rappelé en France, où il trouva l'ordre de retourner en Algérie. On le chargea de la création du poste de Bou-Saada, dans le Petit Désert, avec un bataillon de zéphyrs [2]. Il reçut, à cette occasion, les plus grands éloges du général Dalesme, qui ne les prodiguait pas.

Il prit part aux expéditions du Djurdjura contre Bou-Bargla

---

[1] Félix Jahyer ; *Galerie contemporaine artistique.* — Baschet, boulevard Magenta, 126, Paris, 1878.

[2] C'est le nom qu'on donnait alors aux hommes des bataillons d'Afrique.

avec le général Camou, et de Mila à Djidjelly (Petite Kabylie), conduites par le général Saint-Arnaud, qui perdait des centaines d'hommes, chaque jour, sans voir l'ennemi, caché derrière les broussailles que traversait sa colonne, dans des défilés où un homme seul pouvait passer à la fois.

Il fit aussi partie de la pénible expédition du général Bosquet, dans les montagnes de Bougie, pendant l'hiver de 1851. La colonne, ne recevant pas ses vivres à cause du mauvais temps, fut assaillie par une tempête de neige qui mit tout le camp en désarroi. Il fallut le quitter la nuit, à 4 heures du matin, dans l'obscurité, pour tâcher de regagner Bougie. Cette tourmente sur les cimes du Djurdjura fut terrible. On ne se voyait plus à cinq pas. Le vent jetait les hommes dans la neige. On tournait le dos à la grêle pour n'être pas aveuglé. Le capitaine Faidherbe, en tête de la colonne, avec sa compagnie du génie, connaissait la route qu'il avait tracée ; mais il fallait la retrouver sous quatre à cinq pieds de neige.

Bientôt la déroute fut complète.

Les hommes se noyaient au passage des torrents d'eau glacée ; 50 périrent gelés sur la route.

Arrivé vers minuit près de l'embouchure de la Summam, le capitaine Faidherbe s'y affaissa dans la boue glacée : il marchait depuis vingt heures dans la neige et dans l'eau..., il allait y rester... Heureusement, un soldat du 8e de ligne le reconnut, le releva et l'aida à continuer sa route. Après plus d'une heure de marche, ils rencontrèrent la garnison et la population de Bône, qui accouraient, avec des lanternes et des vivres, au secours de la colonne : 400 hommes entrèrent à l'hôpital, où l'on en amputa un grand nombre, qui moururent. Le capitaine garda plusieurs mois des plaies aux jarrets.

Il fut décoré pour cette affaire.

En 1852, toujours épris des missions lointaines et périlleuses, il demanda à aller au Sénégal, où il fut nommé sous-directeur du génie.

Il fit plusieurs tournées dans le fleuve et accompagna, en 1853,

l'amiral Baudin, Commandant de l'escadre des Côtes Occiden-
tales d'Afrique, dans le lac Ébrié, à 400 lieues de Saint-Louis.
On y châtia les cannibales, qui avaient pris et mangé quelques-
uns de nos soldats noirs du grand Bassam[1]. Après le brillant
combat d'Éboué, l'amiral, effrayé par l'insalubrité du climat,
voulait partir sans établir le poste qu'il devait créer sur ce point ;
mais le capitaine Faidherbe resta, en lui disant :

«Donnez-moi seulement dix jours, et je vous fais un fort[2].»
Un blockhaus fut mis à terre avec 400 hommes munis d'outils,
et le fort fut achevé dans le délai indiqué.

En 1854, le lieutenant de vaisseau Protet, gouverneur du
Sénégal, ayant reçu l'ordre d'occuper Podor, attaqua d'abord
le grand village fortifié de Dialmath.

La colonne développée, marchant en bataille contre le grand
côté de l'enceinte, avait déjà laissé 150 hommes blessés sur le
carreau et faisait demi-tour par suite d'une erreur des clairons
qui sonnaient la retraite au lieu de sonner la charge, lorsque le
capitaine Faidherbe, bien que le peloton du génie fût presque
mis hors de combat avec son chef, le lieutenant Guichard, malgré le feu terrible des défenseurs abrités derrière des palanques
et cachés dans une tranchée intérieure, se met bravement à la
tête de la colonne[2]. Il la ramène à l'assaut et entre le premier
dans la place en passant par-dessus la palissade, suivi des lieutenants du génie Joris, Laprade et d'autres vaillants officiers de
la marine.

A la vue du visage blanc de Faidherbe, franchissant leur enceinte, les nègres de Dialmath s'enfuient épouvantés. Et la colonne entre alors dans le village, sans résistance.

[1] Notre regretté collègue et ami, M. Marcel Devic, dans sa Notice sur un manuscrit arabe, que j'ai donné à la Société, a raconté spirituellement, avec sa
verve charmante, l'épisode de ce sergent noir qui mangea un de ses prisonniers.
Il fut acquitté par le conseil de guerre, présidé par le commandant Teissier, de
l'infanterie de marine et fut choisi par lui plus tard pour être commissaire de police
à Podor, où je l'ai revu en 1856. Voir le *Bulletin de la Société*, tom. I, pag. 365
à 370.

[2] Félix Jahyer.

Après avoir construit à Podor un fort considérable[1] avec les matériaux et les baraquements apportés par la flottille, Faidherbe reçut la double nomination de chef de bataillon et de gouverneur du Sénégal, à la demande du Commerce.

A cette époque, les Maures qui habitaient la rive droite du Sénégal et les Noirs de la rive gauche pillaient impunément nos comptoirs et nos bateaux marchands.

Les Maures, pirates séculaires de ces parages, dévastaient le pays des Nègres, en traversant le fleuve sur des radeaux d'herbes et de roseaux secs pour aller dépouiller les Noirs et les réduire en esclavage, en enlevant de préférence leurs femmes et leurs enfants, qu'ils emmenaient de la rive gauche sur la rive droite. Ces razzias sanglantes causaient alors un grand préjudice à l'agriculture et au commerce.

Après quatre ans d'expéditions continuelles[2], Faidherbe mit un terme à ces brigandages. Les chefs maures, voyant leurs tribus à moitié détruites, acceptèrent des traités de paix et de commerce, en renonçant à leurs prétentions sur la rive gauche du Sénégal.

Cette guerre contre les Maures était très pénible, en raison du manque de ressources de la petite mais vaillante garnison du Sénégal. L'abnégation, la résignation, le dévouement, surmontaient les souffrances, les privations, les périls, inconnus en Europe, mais quotidiens dans ce pays désolé, aride, au sud du Sahara, dans la zone torride, sous un ciel brûlant, avec une atmosphère embrasée, éblouissante, avec un soleil de feu, qui foudroyait instantanément nos malheureux frères d'armes, alors qu'ils faisaient un suprême effort en se traînant à la recherche d'un peu d'eau saumâtre et bourbeuse pour rafraîchir leur gosier desséché[3].

---

[1] En un mois.

[2] Voir les rapports officiels dans le *Moniteur du Sénégal*, le *Moniteur officiel* et la *Revue maritime et coloniale*.

[3] Dans l'expédition du lac de Cayar, nous eûmes, le 13 mai 1857, 57° à l'ombre avec le siroco et le vent d'Est. Le commandant de l'infanterie de marine Guillet

Faidherbe annexa à la France plus de 100 lieues de côtes et assura notre domination dans le haut fleuve, à plus de 300 lieues de son embouchure, par la création du poste de Médine.

Il soutenait alors une lutte acharnée, longue et pénible contre le faux prophète noir Al-Hadjy-Oumar.

C'est le 18 juillet 1857, après la fameuse expédition du lac de Cayar, dans le Sahara, qu'il délivra Médine.

Ce brillant fait d'armes arrêta net notre ennemi et détruisit à jamais le prestige immense dont commençait à jouir le faux prophète...

Il mérite d'être résumé : Médine, capitale du Khasso, dont le roi Sambala nous était dévoué, était assiégée depuis plus de trois mois par au moins 15,000 Toucouleurs, fanatisés par Al-Hadjy.

Les habitants ne se nourrissaient plus que d'arachides crues, de pain, de singe et d'herbes sèches.

La garnison du fort allait tirer son dernier coup de fusil.

Les cadavres ennemis, amoncelés dans les assauts réitérés [1], formaient un horrible glacis autour de l'enceinte, surtout sur le front bastionné opposé au fleuve. Ils empestaient l'air... Cela tenait à ce que les assiégeants ayant apporté leurs échelles carrées, quadrillées, en bambou, trop basses, y étaient montés à l'assaut sans pouvoir atteindre le sommet du mur d'escarpe, frappés auparavant par la mitraille des deux pièces de 4 des bastions, servies par les deux seuls canonniers de la petite garnison [2].

tomba de cheval foudroyé, en conduisant ses troupes à l'ennemi, au combat de Mechera-El-Abiad, à l'extrémité Nord du lac de Cayar. Le lendemain, c'était le tour du maréchal des logis de spahis Franconi, neveu du fameux Franconi du Cirque de Paris. Il y eut quelques autres cas d'insolation, mais tous ne furent pas mortels. C'était la première fois que les Français faisaient le tour du lac. Cette expédition, qui fit le plus grand honneur à Faidherbe, donna d'excellents résultats géographiques.

[1] Ces fanatiques, exaltés par Al-Hadjy, marchaient à la mort, croyant aller tout droit en paradis, dans le septième ciel de Mahomet.

[2] Il y avait une vingtaine de soldats, la plupart noirs, commandés par le sergent Desplats, de l'infanterie de marine, qui seconda admirablement le chef de poste Paul Holle, et fut décoré à cette occasion.

Cet exploit mémorable avait été accompli avec une seule compagnie d'infanterie de marine de 90 hommes et environ 400 auxiliaires noirs, accourus comme volontaires à la suite de Faidherbe, depuis Bakel. Il donne la mesure du prestige immense dont jouissait déjà notre héros, qui fut dès lors considéré comme très supérieur à El-Hadjy.

Ce dernier, refoulé dans le Soudan, y fonda son Empire, qui comprit un instant Tombouctou.

Son fils Ahmadou, qui lui a succédé, a toujours recherché notre alliance depuis 1862, époque à laquelle le lieutenant de vaisseau Mage lui fut envoyé en ambassade.

Enfin, à la suite de nombreuses expéditions périlleuses et glo-rieuses, notre plus vieille colonie [1] jouit enfin d'une sécurité et d'une prospérité qu'elle n'avait jamais connues avant Fai-dherbe.

« Il avait transformé le pays, annexé le Oualo, pacifié le Cayor, rompu la Confédération turbulente du Fouta, rejeté les Maures pillards sur la rive droite du fleuve et infligé au Pro-phète Noir une sanglante défaite, qui arrêta pour jamais sa marche envahissante [2]. »

Faidherbe fut, en outre, un administrateur éminent :

Lorsqu'il prit le gouvernement du Sénégal, Saint-Louis était un vieux comptoir en décadence, où l'on manquait de tout ce qui constitue la sécurité et la commodité de la vie.

Il chargea le service du génie de relier l'île de Saint-Louis au continent au moyen de plusieurs ponts. Les habitants purent alors aller facilement de plain-pied respirer l'air frais et forti-fiant de la mer, au bord de laquelle s'élevèrent des maisons de plaisance et des chalets, le long d'une promenade plantée d'ar-bres. Il fit bâtir l'hôtel de l'administration, l'hôpital, les prin-

---

[1] D'après Golberry, les Français : les marins Normands, les Dieppois princi-palement, avaient visité ces parages vers 1100. La guerre de Cent ans, contre les Anglais envahisseurs, arrêta net le développement de notre navigation sur la côte d'Afrique, où les Portugais nous remplacèrent.

[2] De Freycinet ; Discours précité, pag. 7.

cipaux établissements actuels; assainir la ville, les casernes, l'île, les bords du fleuve et les postes militaires. Le nouveau gouverneur créa à Saint-Louis une imprimerie, un journal, une bibliothèque, un musée, des écoles, un arsenal de la marine, la banque du Sénégal, des quais, des embarcadères, des jardins et des plantations [1] dans tous les postes anciens et dans les dix nouveaux qu'on lui doit.

Faidherbe combattit toujours l'esclavage.

A peine nommé gouverneur, il écrivait au prince Napoléon, alors Ministre des Colonies, qu'il donnerait sa démission si l'on continuait, dans son gouvernement, la traite des noirs, sous les prétextes d'émigration et d'engagement de travailleurs libres.

«On tint compte de sa protestation[2]....»

Fatigué par un long séjour au Sénégal, Faidherbe [3] avait accepté le commandement de la subdivision de Sidi-Bel-Abbès, en Algérie; mais il y fut rappelé en 1863 et y resta jusqu'en 1865, époque à laquelle il retourna en Algérie.

Il y commandait la subdivision de Bône, au moment de la guerre, en 1870.

«Déjà Faidherbe était devenu célèbre. La Renommée, après laquelle tant d'autres courent inutilement, était allée le trouver au fond des terres brûlantes de l'Afrique [4].»

Il fut nommé général de division et commandant de l'armée du Nord «en voie d'organisation sous la main du général Farre, qui devait si brillamment le seconder comme chef d'état-major[4]».

Avec 15,000 soldats, 15,000 mobiles et 15,000 mobilisés étrangers au métier des armes, il tint tête à une armée plus nombreuse, mieux organisée que la sienne et aguerrie.

---

[1] M. Eugène Simon créa des pépinières à Saint-Louis, à la Taouey, et dirigea le service des plantations d'une manière remarquable. Il s'est distingué depuis, comme Consul en Chine et en Australie. On lui doit d'excellents articles dans la *Nouvelle Revue* et un livre d'économie politique, intitulé : *La Cité chinoise,* qui va être suivi de *La Cité française.*

[2] Jahyer, pag. 3.

[3] Il avait quitté le Sénégal à la fin de 1861.

[4] De Freycinet ; Discours précité, pag. 8,

Grâce à son activité, il préserva le Havre d'un coup de main. «Avec le calme imperturbable qui dans aucune circonstance ne l'a abandonné, il organisa méthodiquement ses opérations».

«Tout d'abord il s'attacha à rendre confiance à ses troupes, en ne leur demandant aucun effort précipité. Il les rassembla et les encadra plus solidement en les distribuant entre deux corps d'armée. Bientôt quelques succès d'avant-postes habilement ménagés... l'entrain reparut et, avec l'entrain, le désir de se mesurer... avec l'ennemi.

»Moins de trois semaines avaient suffi... pour amener ce changement. Il jugea l'heure opportune pour entamer cette immortelle campagne...

» Le 23 décembre, il aborde l'ennemi à Pont-Noyelles. Ses dispositions... dénotaient un tacticien consommé. Après une lutte meurtrière de sept heures, il reste maître du terrain.

»...... Il n'entend point s'arrêter sur cette victoire. Malgré un froid de vingt degrés, malgré les neiges qui encombraient les routes, malgré les privations de tous genres, confiant dans son armée qui lui appartient désormais, il reprend sa marche et, le 3 janvier 1871, il culbute l'armée allemande... [1]»

Il remporta cette brillante victoire de Bapaume, en prenant d'assaut sept villages où les Prussiens s'étaient retranchés. Il disputa à l'ennemi le champ de bataille de Saint-Quentin, le 19 janvier 1871.

On le nomma alors Grand-Officier de la Légion d'Honneur.

Il fut élu dans trois départements Député à l'Assemblée nationale, avec plus de 400,000 voix ; mais il donna sa démission. Il fut enfin nommé Sénateur.

En 1871, il fit un voyage scientifique en Égypte et s'occupa dès lors exclusivement de ses études favorites.

En 1879, comme récompense suprême, Faidherbe fut nommé Grand-Chancelier de l'Ordre National de la Légion d'Honneur. C'est dans le palais de la Grande Chancellerie qu'il termina sa

---

[1] D. Freycinet ; Discours précité. Ajoutons que nos mobiles du Gard se couvrirent de gloire à l'armée du Nord.

glorieuse carrière, au milieu des travaux scientifiques et géographiques qui mirent le sceau à sa réputation. En voici le résumé ou plutôt l'énumération :

II.

Dès son premier séjour en Afrique, en 1844, Faidherbe manifesta son goût naturel pour les études linguistiques et ethnographiques. Loin de traiter de fables les écrits des anciens auteurs, il vérifia leurs récits, les contrôla et en reconnut plus tard l'exactitude, en les expliquant et les commentant avec une sagacité inouïe[1].

En 1852, il étudia spécialement le Sénégal et ses dépendances.

En 1854, l'Institut couronna son Mémoire sur les Zénaga.

En 1856, il écrivit « ces remarquables Mémoires qui éclairent d'un jour si vif les races exotiques et qui révélaient de rares qualités d'administrateur[2] ». Il publia ses *Considérations sur l'Afrique septentrionale*, destinées à servir de point de départ à ceux qui veulent étudier l'histoire de ce pays et, en particulier, de la Sénégambie et du Soudan[3]. Le *Bulletin de la Société de Géographie de Paris*[4] contient un premier article de lui sur les populations noires du Sénégal et du Niger. Dès lors, l'illustre Broca le comptait parmi les membres les plus éminents de cette fameuse Société d'Anthropologie qu'il venait de fonder et dont Faidherbe devint président.

En 1857, Faidherbe donna une impulsion initiale aux travaux géographiques, en instituant la *Commission de la carte de la Sénégambie*[5], dont les archives s'enrichirent bientôt d'une foule de documents précieux, auxquels s'ajoutèrent ceux des bibliothèques,

---

[1] Institut de France. — Académie des Inscriptions et Belles-Lettres. Funérailles du général Faidherbe, membre de l'Académie, le mardi 1er octobre 1889. — Discours de M. Barbier de Meynard, président, pag. 1 et 2.

[2] *Id.* — Discours de M. de Freycinet, membre de l'Académie des Sciences, Ministre de la Guerre, pag. 7 et 8.

[3] Imprimerie du Gouvernement à Saint-Louis (Sénégal). Paris, 1859, tom. III, pag. 290 des *Nouv. Annales des Voyages*.

[4] Mai et juin 1856.

[5] Dans la séance du 21 juin 1857, on présenta environ 75 à 80 cartes topographiques, géographiques, hydrographiques, etc.

des archives des divers services de la colonie, les itinéraires des
expéditions récentes et de celles faites dans le courant de cette
année mémorable.

En 1858, on ajouta à ces archives les plans nivelés, les levers
et les reconnaissances faites par le personnel du génie autour
de nos postes militaires, de nos camps, des points les plus
remarquables, de nos routes, y compris les itinéraires de plusieurs expéditions, notamment de celle de Niomré dans le Cayor.

Le lieutenant Lambert, de l'infanterie de marine, fit un de
ces itinéraires et une carte du Ndiambour, et l'année suivante
des cartes du Oualo et du Djolof ainsi qu'un itinéraire de Bakel
à Sénoudebou.

En 1859, la Commission reçut les résultats de la triangulation
géodésique ordonnée par Faidherbe[1]. Il publia avec sa savante
*Notice sur la colonie du Sénégal et sur les pays qui sont en relation
avec elle* une carte dressée sous sa direction par Malte-Brun[2].
Il fit paraître aussi ses *Renseignements géographiques sur la
partie du Sahara comprise entre l'Oued Noun et le Soudan*[3].

En 1860, on poussa les levers et les reconnaissances entre
Saint-Louis et Gorée, sur la côte de l'océan, et notamment dans
le Ndiander, qui fut levé par le capitaine du génie Vincent. Ce
fut l'année la plus féconde en résultats géographiques.

Faidherbe publia alors son fameux vocabulaire wolof, poular,
soninké.

La même année, il envoyait le chef du génie inspecter l'ancien
fort d'Arguin et le cap Blanc, dont il refit la topographie pour
y étudier la restauration de ce poste et la création d'un dépôt
de charbon[4], de concert avec le lieutenant de vaisseau Aube, qui

---

[1] Exécutée par le capitaine d'état-major Vincent.

[2] Paris, Arthus Bertrand, éditeur-libraire de la Société de Géographie, rue
Hautefeuille, 21.

[3] *Nouv. Annales des Voyages.* Paris, 1859, tom. III, pag. 129.

[4] Les rapports officiels démontrent clairement que l'occupation postérieure
d'une partie du cap Blanc par les Espagnols, incités par nos ennemis, est une
véritable usurpation à laquelle notre Gouvernement a consenti en 1882, par excès
de condescendance, pour conserver des relations amicales avec une nation voisine.

faisait l'hydrographie de la baie d'Arguin. Cet officier d'avenir devenait alors le principal collaborateur de Faidherbe, puis son beau-frère, et enfin Ministre de la Marine et des Colonies. Dans cette haute position, l'amiral Aube a donné un nouvel et puissant essor au développement de notre colonie. C'est lui qui avait fait le premier travail hydrographique complet du Sénégal[1].

Pendant ce temps, le capitaine Vincent[2], accompagné par le brigadier Gangel, des spahis, et Bou-el-Moghdad, assesseur du cadi de Saint-Louis, explorait l'Adrar, où les Portugais avaient jadis des établissements importants. Il fit la première carte de ce pays.

Bou-el-Moghdad fut ensuite envoyé dans le Sahara occidental, de Saint-Louis jusqu'à Mogador dans le Maroc ; le lieutenant de vaisseau Bourel chez les Brakna ; Mage, enseigne de vaisseau, dans l'oasis de Tagant chez les Douaïch ; Alioun Sal, sous-lieutenant indigène des spahis sénégalais, à Oualata et Arouan ; le sous-lieutenant d'infanterie de marine Pascal dans le Bambouck et le lieutenant d'infanterie de marine Lambert dans le Rio-Nunez et le Fouta-Djalon. On doit à ces deux officiers de belles cartes des régions explorées.

En 1861, on compléta la topographie du Sénégal au Cap-Vert, de la Cazamance et de tous les points nouvellement occupés.

En 1862, Faidherbe écrivit son étude de la langue Sérère ; malheureusement, ayant quitté le Sénégal pour rétablir sa santé, tous ces travaux furent interrompus.

En 1863, parut son *Avenir du Sahara et du Soudan*[3]. Il fit reconnaître le Haut-Niger par le lieutenant de vaisseau Mage et le Dr Quintin, envoyés comme ambassadeurs à El-Hadjy-Oumar.

En 1864, l'imprimerie du Gouvernement, à Saint-Louis, publia ses *Chapitres de géographie sur le nord-ouest de l'Afrique,*

---

[1] D'après notre éminent collègue, M. Bouquet de la Grye, membre de l'Institut et du Bureau des Longitudes, Directeur du Dépôt des Cartes et Plans de la Marine, chef du Service hydrographique, lequel a aussi collaboré à l'hydrographie du Sénégal. Voir la *Revue maritime et coloniale*, 1864, tom. XII, pag. 166-188.

[2] Cet officier, membre de la commission de la carte de la Sénégambie, venait de terminer le premier réseau de la triangulation géodésique de la Sénégambie.

[3] *Revue Maritime et Coloniale*, juin.

avec une carte de ces contrées, à l'usage des écoles de la Sénégambie [1].

En 1865, Mage et Quintin recueillaient les derniers renseignements sur le Niger et sur l'empire d'Ahmadou, fils et successeur
d'Al-Hadjy-Oumar. Ils rentraient le 18 juin 1866 à Saint-Louis [2].

C'est alors que Faidherbe écrivit sa savante discussion sur
le *Voyage des cinq Nasamons d'Hérodote* pendant le VIIᵉ siècle
avant J.-C. [3],

Peu après, il rédigeait son *Mémoire sur les éléphants des armées
carthaginoises.*

Voici ce qu'il écrivait en 1868, prévoyant l'avenir du Sénégal :
«*Il faut que notre drapeau flotte à Bafoulabé d'ici à deux ans
et à Bamakou sur le Niger dans dix ans!* » Cette prédiction s'est
réalisée.....

Lorsqu'il prit «le commandement de la subdivision de Bône, on
connaissait tout au plus une vingtaine d'inscriptions libyques [4]...»

Nommé *Président de l'Académie d'Hippone*, il publia immédia-
tement ses recherches anthropologiques sur les tombeaux mé-
galithiques de Roknia [5], travail continué en 1869.

L'année suivante, après de persévérantes recherches, il pro-
duisit son grand recueil intitulé: *Collection complète des inscriptions numidiques.* Il en avait réuni plus de deux cents [5]. Il y
traçait sa méthode de déchiffrement, relevait un grand nombre
de noms propres historiques et remettait en pleine lumière la
source des dialectes berbères. L'antique civilisation touarègue
se révélait dans les inscriptions des IIIᵉ et IVᵉ siècles.

«Désormais la grande individualité de la langue et de la race
berbères a pris place parmi les études historiques [3].»

---

[1] Voir, dans les *Nouv. Annales des Voyages,* 1864, tom. IV, pag. 252, une
lettre du général Faidherbe du 17 septembre 1864.

[2] Après un séjour de 2 ans 1/2 sur le Niger. Ils avaient quitté Saint-Louis le
12 octobre 1863. Faidherbe fit paraître ce voyage dans les *Nouv. Annales des
Voyages* en 1866, tom. IV, pag. 5.

[3] *Revue africaine,* tom. XI, 1867.

[4] Discours précité de M. de Meynard, pag. 2.

[5] *Bulletin de l'Académie d'Hippone,* nᵒ 4, mars 1868.

En 1871, il écrivit sa *Campagne de l'armée du Nord* (1870-1871), qui est un véritable monument historique [1], et les *Bases d'un projet de réorganisation d'une armée nationale.*

Il publiait, un an après, ses *Inscriptions numidiques de Sidi-Arrath* [2], et en 1873 ses *Dolmens d'Afrique* [3].

L'année suivante, il rédigeait ses *Considérations générales sur l'anthropologie de l'Algérie* [4].

En 1875, parut son *Essai sur la langue poul*, grammaire et vocabulaire [5]. Il présidait alors la Société d'Anthropologie.

En 1877, il publia la seconde partie de son Mémoire *le Zénaga des tribus sénégalaises. Contribution à l'étude de la langue berbère* [6].

Cependant l'œuvre de Faidherbe se poursuivait méthodiquement :

Le Ministre de la Marine [7], adoptant ses projets en 1878, facilitait nos communications entre le Sénégal et le Niger.

Notre hardi collègue, Paul Soleillet, l'explorateur languedocien, pouvait alors arriver à Ségou et y trouver bon accueil.

Il convient de mentionner ici les voyages de Jacquemart, Pietri, Monteil et Sorin, de Zweifel et Moustier [8], d'Aimé Ollivier [9], de Lenz [10].

On doit insister sur leurs résultats géographiques.

A cette époque, le colonel Gallieni était chargé d'une mission à Ségou. Il y restait jusqu'en 1881.

---

[1] Le nom de cette héroïque armée figure sur le monument récemment élevé près l'École militaire.

[2] *Mém. de la Société des Sciences, de l'Agriculture et des Arts de Lille*, 1872, 3ᵉ série, 10ᵉ vol.

[3] *Extrait du compte rendu de la 6ᵉ section du Congrès international d'anthropologie et d'archéologie préhistorique.* Paris, Leroux, 1873.

[4] *Instructions particulières*, par le Dʳ Paul Topinard. Paris, Hennoyer.

[5] Paris, Maisonneuve et Cⁱᵉ.

[6] Lille, Danel, imprimeur.

[7] Amiral Jauréguiberry, ancien gouverneur du Sénégal en 1862.

[8] Aux sources du Niger.

[9] En 1879.

[10] Subventionné par la Société de Géographie de Berlin.

Le colonel Borgnis-Desbordes étendait la chaîne de nos postes.

Sous l'impulsion directe et énergique de Faidherbe, une mission topographique était chargée d'établir la carte de cette région inconnue et de faire des études de chemin de fer, sous les ordres du commandant Derrien, de l'état-major [1].

Une colonne française ayant enlevé Goubanko le 12 février 1881, notre installation put s'achever pacifiquement à Kita, à Bafoulabé, et nos explorations géographiques purent se faire en toute sécurité.

Faidherbe commença alors à publier le *Soudan Français* — «chemin de fer de Médine au Niger — avec une carte [2]».

Cependant le colonel Borgnis-Desbordes, ayant pris Daba en 1882, arrivait le 1er février 1883 sur le Niger, atteignant ainsi le but indiqué, depuis vingt ans au moins, par Faidherbe.

Pendant qu'on construisait un poste à Bamakou sur le Niger, le *Bulletin de la Société de Géographie de Lille* publiait la deuxième partie du *Soudan Français*.

Noiret et le Dr Bayol allaient en mission dans le Fouta-Djalon, continuant l'œuvre du colonel Lambert [3].

L'année suivante, la *Revue scientifique* [4] publiait sous le titre : *Géographie* « Tombouctou et les grandes voies commerciales du nord-ouest de l'Afrique », un travail remarquable de Faidherbe. On construisait alors un nouveau poste [5], tandis que le Niger était sillonné par la première canonnière française, selon les désirs de Faidherbe.

En 1885, il écrivit la *Question du Niger* [6], qui eut un grand

---

[1] Voici les noms des membres de cette mission : les capitaines Sever, du génie ; de Saillerfert de Sourdeval, de l'infanterie ; Delanneau, de la cavalerie ; les lieutenants Rivals, de l'artillerie ; Delcroix, de la légion étrangère ; Brosselard-Faidherbe, de l'infanterie ; le lieutenant de vaisseau de Kersabiec et les lieutenants Sorin et Huc, de l'infanterie de marine.

[2] *Bulletin de la Société de Géographie de Lille.*

[3] Dont la Société a publié la lettre à Faidherbe qui résume son exploration.

[4] *Revue rose*, 15 novembre 1884.

[5] A Koundou, entre Kita et Bamakou.

[6] *Revue scientifique* (rose), 17 janvier 1885.

retentissement, parce qu'il y blâmait l'attitude des diplomates français à la conférence de Berlin. Il publia à cette époque la troisième partie du *Soudan Français* « chemin de fer du Sénégal au Niger [1] », et travailla aux *Annales sénégalaises*, de 1854 à 1885, suivies des Traités passés avec les indigènes [2].

Alors eurent lieu, sous son inspiration, les missions du Dr Bayol et du lieutenant Quinquandon dans le Bélédougou, du capitaine Henry, de Bonnier et Brisse, etc.

Cependant, le souvenir du général Faidherbe était resté présent dans la colonie, qu'il avait régénérée, et qui voulut, de son vivant, lui élever une statue sur la principale place publique de la capitale, à Saint-Louis.

L'envoyé de Tombouctou, El-Hadj Abd-el-Kader ould Bakar, vint voir le général à Paris, au Palais de la Légion d'Honneur, avant d'aller saluer le Président de la République, le 1er janvier 1885.

Faidherbe disait que nous ne pourrions nous établir à Tombouctou qu'avec « de bons bateaux à vapeur sur le Niger. Nous devrons simultanément nous établir près d'In-Salah, ce qui nous est facile par Goléa ; en passant par ce point, nous éviterons des complications avec le Maroc et certaines puissances européennes [3] ».

Nous nous bornerons, restant aussi complet que possible, à rappeler la mission de Monteil et du capitaine Binger, qui construisirent, en 1886, la magnifique carte de toutes nos possessions au 1/750,000 [4].

En 1886, nous avons lu la savante Notice ethnographique sur la Sénégambie, en tête du livre intitulé : *Explorations au*

---

[1] *Bulletin de la Société de Géographie de Lille.*

[2] Publiées avec l'autorisation du Ministre de la Marine et des Colonies. Paris, Maisonneuve frères et Ch. Leclerc, éditeurs.

[3] *Le Sénégal*, précité pag. 407.

Le général, qui trouvait prématuré l'établissement du Transsaharien, indique comment les circonstances actuelles ont modifié ses idées. Nous ajouterons que la présence des Anglais en Égypte et des Allemands sur différents points du continent africain, nécessite une prompte exécution du Transsaharien.

[4] Challemel, éditeur, Paris.

Sénégal et dans les contrées voisines, depuis l'antiquité jusqu'à nos jours [1].

La même année, le *Bulletin de la Société d'agriculture de Lille* donnait la quatrième partie du *Soudan Français, pénétration au Niger* [2]. Faidherbe termina alors son grand ouvrage sur les *Langues sénégalaises* [3], comprenant les éléments de grammaire et des vocabulaires sur le ouolof, l'arabe hassania, le soninké et le sérère.

Afin de contrôler l'exactitude de ses observations, il demanda au Ministre de la Marine d'envoyer au Sénégal un de ses officiers d'ordonnance, M. le lieutenant d'infanterie de marine Binger, qui s'était occupé lui-même de linguistique au Soudan et qui venait de faire paraître, sous sa direction, son *Essai sur la langue Bambara* [4].

Cette année fut signalée au Sénégal par quelques insuccès attribués au mépris des instructions laissées par Faidherbe. C'est ainsi qu'après avoir donné dans une embuscade, la garnison de Bakel négligea d'occuper les défenses extérieures de cette place, quoiqu'elles fussent très sérieuses [5]. Les communications télégraphiques furent interrompues avec Saint-Louis.

« Un bataillon d'infanterie de marine fut expédié de France, en toute hâte, à Saint-Louis [6].

» Le Ministre de la Marine envoya son officier d'ordonnance, M. le lieutenant Brosselard, en mission... pour... rechercher le chemin le plus direct, le plus praticable, de Saint-Louis à Bakel, pouvant être suivi, le cas échéant, par une colonne de troupe de différentes armes...; se rendre compte des ressources du pays; prendre contact avec les populations sur le parcours suivi, et voir dans quelles dispositions étaient leurs chefs. »

---

[1] Par J. Ancelle, capitaine du génie, breveté. Paris, Maisonneuve frères et Ch. Leclerc, éditeurs.

[2] Lille, Danel, imprimeur.

[3] Ch. Leroux, éditeur, 28, rue Bonaparte, Paris.

[4] 1886, Maisonneuve et Leclerc, éditeurs. Paris.

[5] *Le Sénégal*, précité pag. 424. Il les avait établies en 1854.

[6] *Le Sénégal*, précité pag. 432.

Parti le 15 mai 1886, cet officier mit trois jours par eau et douze par terre à franchir près de 1,000 kilomètres.

En traversant le Fouta, il reconnut l'état précaire de nos relations avec les chefs, excités secrètement par Ahmadou [1].

En mai 1887, le colonel Gallieni amena Ahmadou à signer un traité de paix et poussa le chemin de fer à près de 100 kilom. de Kayes.

Le 28 mai, eut lieu sur les confins du Baol le combat de N'gapou, où périt un officier.

« Pendant que le colonel Gallieni dirigeait les expéditions militaires et l'opération du ravitaillement, de nombreuses missions... parcouraient le Soudan occidental [2].

» Le Ouli, le Diaka, le Niéri, une partie du Tenda et du Gamou... furent explorés dans tous les sens.

» M. le capitaine Oberdorf, de l'infanterie de marine, fut envoyé auprès d'Aguibou [3], fils d'El-Hadjy-Oumar, qui régnait dans le Djalonkadougou, inconnu aux Européens. Il partit de Bontou sur la Falémé, traversa le petit Bélédougou et le Badon, coupa la Gambie en deux endroits, marcha à l'Est vers la Falémé, qu'il franchit à Irimalo, et de là gagna Tamba [4], où se trouvait Aguibou, qui le reçut cordialement. Il rentra directement à Kita.

Ce voyage permit de rectifier les erreurs des cours de la Gambie, de la Falémé, du Bafing, dont le Téné est un affluent. On reconnut la non-navigabilité des grands affluents du Sénégal, tous barrés par des roches et des chutes importantes.

Le capitaine Oberdorf devait compléter cette belle exploration et étudier nos communications entre nos postes du Haut-Sénégal

---

[1] Le 23 septembre 1886, Sénoudebou fut attaqué.

La guerre civile du Cayor amena des difficultés avec le Damel, qui fut tué à Tiwawane, le 6 octobre 1886 ; Lat-Dior, son oncle, fut tué le 26 à Dekkelé, avec ses deux fils.

A la fin de septembre, Éli, roi du Trarza, venait d'être assassiné par son neveu Ahmed-Fall. Mais son frère Amar-Saloum tua ce dernier le 17 mars 1887.

[2] *Le Sénégal*, précité pag. 452-453.

[3] *Le Sénégal*, précité pag. 452-453.

[4] Au nord de Dinquiray, capitale du Djalonkadougou.

et les rivières du Sud; mais il s'arrêta et mourut à Tombé, dans le Kongadougou, entre la Falémé et le Bafing, le 9 janvier 1888.

Le lieutenant d'artillerie de marine Reichenberg reconnaissait plus tard [1] les pays les plus rapprochés de la ligne des postes, le Bafé, le Soulou, le Kongadougou et le Bafing.

Le capitaine Peroz, de l'infanterie de marine, après avoir traversé le Niger à la fin de janvier 1887, joignit, à Bissandougou, Samory, qui signa, le 23 avril, un traité qui limitait ses États au Tankisso, au Niger, et les plaçait sous notre protectorat [2].

M. Liotard, aide-pharmacien de marine, explora scientifique-ment le Gangaran, le Gadougou, le Manding et le Bouré, dont il fit la géologie et la flore.

« Le Dr Tautain, commandant... de Bammakou, et le lieute-nant Quinquandon visitèrent le... Bélédougou... jusqu'à Goum-bou. Reprenant l'itinéraire suivi en 1883 par le Dr Bayol, ils passèrent par Nossombougou, Nonkô, Koumi, Damfa et Mourdia... où s'était arrêté M. Bayol. De là, ils gagnèrent Segala, puis Sokolo, la Kala des Arabes, visité par Lenz en 1880, et enfin Goumbou, auquel Lenz donnait 20,000 habitants, et qui en réa-lité n'en aurait que 1,500... Les explorateurs revinrent à Bam-makou par Yamina, ayant parcouru environ 1,200 kilom [3]. »

Nous venons de saluer, dans la grande séance solennelle de la Sorbonne du 3 décembre, le retour du capitaine Binger, de l'infanterie de marine, officier d'ordonnance du général Faidherbe, attaché à la grande chancellerie de l'Ordre National de la Légion d'Honneur, reçu par acclamation membre de la Société de Géo-graphie de Paris, qui lui a décerné la grande médaille d'or, sa plus haute récompense.

« Parti de Bammakou le 30 juin 1887..., il pénétra dans le Ouassoulou et alla visiter Samory, qui assiégeait... Sikasso...

---

[1] En 1887.

[2] Les États de Samory, ou empire du Ouassoubou, s'étendent au N.-O jusqu'aux États d'Aguibou, au N. aux États d'Ahmadou, à l'E. et au S. aux États de Tiéba, à l'O. à la République de Liberia, aux possessions anglaises de Sierra-Leone et au Fouta-Djalon. — *Le Sénégal*, pag. 454-455.

[3] *Le Sénégal*, pag. 455-456.

défendu par Tiéba, le chef du Canadougou; il s'enfonça ensuite dans l'Est.

»Pendant quelques mois, on n'eut plus de ses nouvelles, puis le bruit courut dans les postes du Niger qu'il avait été assassiné, par ordre de Samory [1], par les gens de Tenguela.

»Le fait était heureusement inexact. Binger était arrivé à Kong, ville qu'aucun Européen n'avait visitée avant lui, au mois de mars 1888. Il envoyait de ce point plusieurs lettres en France.» Le chef de Kong envoyait en même temps, en arabe, son salut au général Faidherbe.

Après avoir parcouru ce pays inconnu, le Mossi, le Salaga, le nord de l'Ashanti, déterminé son orographie et son hydrographie, il put revenir sain et sauf à Grand-Bassam le 19 mars 1889, ayant signé des traités d'amitié et de commerce avec les chefs des pays parcourus.

Il venait de réaliser un des rêves les plus chers de Faidherbe, en reliant nos possessions du Sénégal avec celles du golfe de Guinée.

Antérieurement, le lieutenant de vaisseau Caron avait aussi exécuté un de ses projets favoris en conduisant la flottille fluviale qu'il commandait au port de Tombouctou, et y déployant le pavillon français le 3 juillet 1887.

Pendant ce temps, M. le capitaine Brosselard-Faidherbe délimitait nos possessions avec les Portugais, vers la fin de janvier 1888, selon les idées et les indications de Faidherbe.

En 1889, le général publia son grand ouvrage intitulé : *le Sénégal, la France dans l'Afrique occidentale* [2].

Ce livre suffirait, à lui seul, pour placer Faidherbe au premier rang de nos érudits. Il résume en effet toutes les connaissances historiques, ethnographiques les plus intéressantes et les questions les plus essentielles de la Sénégambie et de l'Afrique occidentale, en fournissant des éléments précieux pour la solution de toutes les autres questions africaines.

---

[1] *Le Sénégal,* précité, 455-456.

[2] Paris, Hachette. Cet ouvrage a plus de 500 pages avec 21 gravures et 5 cartes et plans.

En résumé, Faidherbe donna un développement considérable à la Sénégambie en y déposant les germes féconds d'un grand avenir.

« Son gouvernement du Sénégal... fut une merveille de science, d'art militaire, d'organisation [1] ».

Ses séjours en Algérie furent marqués par des études et des découvertes linguistiques, ethnographiques et archéologiques sur la Sénégambie et l'Afrique du Nord-Ouest.

Sa campagne du Nord le plaça à la tête de nos généraux, en forçant l'étonnement et l'admiration de l'ennemi [2].

La mort [3], qu'il attendait depuis longtemps, est venue mettre un terme aux souffrances d'une cruelle maladie. Mais la France entière s'est associée aux regrets de sa famille en deuil et lui a décerné la palme de l'Immortalité !

[1] De Freycinet ; Discours précité, pag. 7.

[2] On trouva dans les bagages des Prussiens, sur les champs de bataille du Nord, de nombreuses photographies de Faidherbe.

[3] C'est ici le lieu de rappeler le nom de nos camarades, officiers du génie, connus la plupart à Montpellier, qui ont payé de leur vie leur séjour au Sénégal, en collaborant avec nous à l'œuvre de Faidherbe : le général Brunon, le colonel Laprade, les commandants Gazel, Poulain, les capitaines Parent, Lorans, Ricour, Vincent, qui créa Laghouat et mourut en faisant la topographie du Cayor ; les lieutenants Joris, Fajon, de Montpellier. Ajoutons-y le commissaire de marine Fave, de Montpellier, fils de l'avant-dernier doyen des médecins de l'Hérault, le Dr Fave. Terminons cette note nécrologique en annonçant à nos lecteurs la mort récente de notre collègue le commandant Gaugel, officier de la Légion d'Honneur, décédé à Oran. Il nous a laissé des notes et un manuscrit sur son exploration de l'Adrar, faite de concert avec le capitaine d'État-Major Vincent (Voir pag. 504).

MONTPELLIER. — TYPOGRAPHIE ET LITHOGRAPHIE CHARLES BOEHM